La bandada

Un puñado de soluciones, buscando problemas...

La bandada

*Ideas para el liderazgo y el
desarrollo organizacional*

Enrique Margery

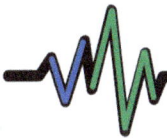

Vicae Mundi
ediciones

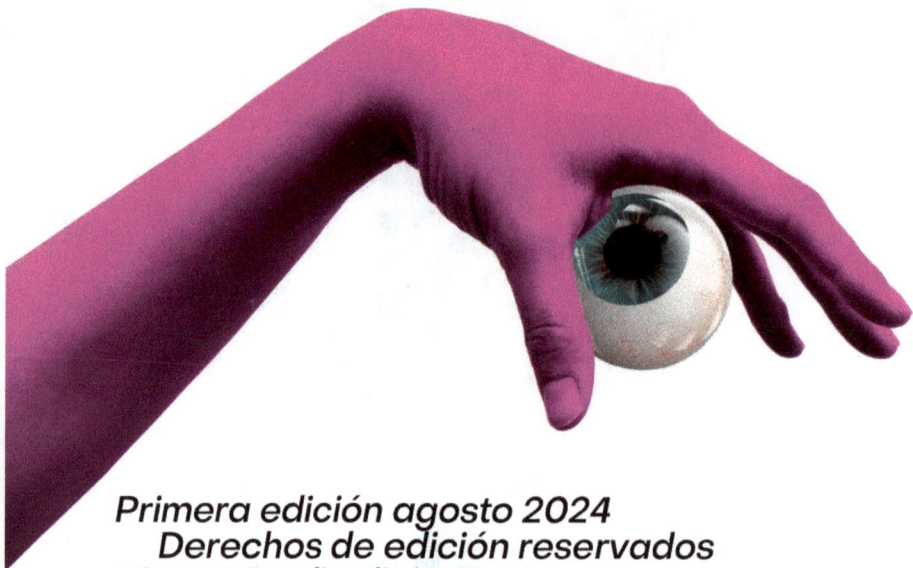

Primera edición agosto 2024
  Derechos de edición reservados
Vicae Mundi ediciones
Cognitivarte

  Enrique Margery Bertoglia

Diseño de edición: Cognitivarte

ISBN: 978-9968-03-672-6

╱╲╱╲╱╲ Vicae Mundi
ediciones

Índice

Prólogo

Este libro presenta un conjunto de ideas para aplicar en el liderazgo y el desarrollo organizacional. Es, en esencia, una bandada de ideas buscando problemas; en apariencia desorganizadas, en grupo forman un sistema adaptativo complejo (SAC).

Como en cualquier SAC, cada idea impacta a todas las demás y es impactada por todas ellas; además, la capacidad de cada idea de atrapar al lector depende de la intensidad con la que otras ideas de la bandada lo intenten atrapar en ese momento.

Así, este corto manual propone al lector un desafío: tomar sus preguntas, dudas, curiosidad y problemas, y explorar el texto en todas las direcciones. Navegando entre azares, causas, efectos y atractores extraños, habrá de encontrar "soluciones en busca de problemas', nuevas preguntas y, por qué no, algún *insight* inesperado...

Enrique Margery Bertoglia
Casa Rafaelis, Heredia, agosto del 2024

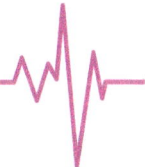

Acerca de la bandada

I. Agentes y reglas. En el cielo, una bandada es capaz de avanzar al unísono, evitar obstáculos y ejecutar maniobras de alta coordinación. Todo gracias a que cada ave sigue tres reglas: respetar una distancia mínima de otros cuerpos, igualar la velocidad de sus vecinas y moverse hacia el centro de masa del grupo (en realidad, un centro de masa "percibido', pues ningún ave es capaz de ver a todo el conjunto).

La primera regla evita las colisiones, las dos siguientes buscan el alineamiento y la cohesión (que cada ave vuele en la dirección del resto y evite la exposición en el exterior del grupo). De este modo, se logra el clásico vuelo de conjunto, a partir de reglas sencillas de coordinación que sigue cada individuo.

La bandada es un sistema y cada ave un *agente*, parte de un todo dinámico, masivamente interconectado, que se auto organiza y es capaz de aprender de la experiencia: un Sistema Adaptativo Complejo o "SAC'.

Figura 1. La bandada es un SAC.

Distingamos entre lo complicado y lo complejo: un reloj de cuerda es complicado, por la cantidad de piezas que contiene; pero si entendemos qué hace cada una, podremos explicar cómo funciona el artefacto. Por su parte, un sistema es complejo porque exhibe una conducta colectiva emergente: una serie impredecible, adaptativa y creativa de patrones resultantes de la contingencia, que no se puede predecir cuándo se darán, si se darán efectivamente, o el tiempo que durarán.

La característica central de la conducta emergente es que no puede ser comprendida a partir del estudio de un individuo solitario, pues nace de la red de conexiones que teje el SAC. En este "tejido de interacciones', que forma manadas, bancos de peces y equipos deportivos encontramos:

Relaciones de corto alcance. La información es recibida de agentes cercanos (un ave no ve a todo el grupo, sino sólo a sus vecinos); empero, la interacción hará que la información atraviese el sistema y pueda ser modificada en su trayecto.

Relaciones no lineales. Un estímulo puede tener un gran efecto o pasar desapercibido: su impacto depende del número e importancia de otros estímulos que se estén propagando en el sistema.

Las estrategias dependen de las estrategias de otros. Cada agente, al actuar en respuesta a lo que otros agentes hacen, cambia el contexto para todo el resto.

Un sistema abierto. Materia, energía e información forman un flujo permanente que le permite al sistema autoorganizarse e interactuar con el entorno.

El conocimiento es local. Ningún agente sabe lo que ocurre en el sistema como un todo, ni lo controla todo.

Ahora bien, los equipos y las organizaciones también son bandadas. Así, en algún lugar de nuestra organización:

- Alguien promueve un proyecto que nos afecta, y del que aún no estamos enterados (*el conocimiento es local y las relaciones son de corto alcance*).
- Un pequeño proyecto de una sucursal es tan exitoso que luego es implementado en toda la organización, mientras otro proyecto (enorme y dotado de muchos recursos) no produce mayor resultado (*las relaciones son no lineales*).
- Hay gente recién contratada que no conocemos, y otra que no sabemos que ya partió (*los SAC son sistemas abiertos*).
- Puede que una de nuestras propuestas sea archivada, ya que otros se nos adelantaron con una idea distinta (*las estrategias dependen de las estrategias de otros*).

II. El propósito es el atractor. La conducta de un SAC es orientada por atractores: un estado hacia el que evoluciona el comportamiento del sistema. Distingamos tres tipos. El atractor *de punto* es la manera más simple de tender al orden, un punto fijo hacia el cual es "atraído' el sistema. Un ejemplo es el niño que arroja granos de maíz en una plaza (es un atractor de punto para las palomas que lo rodean).

Un atractor *periódico*, por su parte, es un ciclo repetido de estados entre los que oscila la conducta del sistema (recordemos que la bandada despega y luego vuelve a tierra, una y otra vez: el cielo y el suelo forman un atractor periódico).

Un tercer tipo –el atractor *extraño*- es un patrón de orden subyacente, que explica pautas de conducta complejas: aunque no dice cómo proceder, guía y mantiene al sistema dentro de un espacio de comportamientos.

Imaginemos un choque de fútbol. Dos equipos de alto nivel se enfrentan y, en el juego, encontramos los tres atractores: el balón es un atractor de punto, en el que se concentran la mirada y el movimiento de jugadores y espectadores; las dos porterías, que van alternando los ataques, saques de esquina y jugadas de peligro, son un atractor periódico (el partido va de una a la otra); finalmente, un "propósito central' (el deseo de construir la jugada y anotar el gol) se convierte en el "atractor extraño' que regula la conducta de cada equipo.

Eso sí, casi nunca se trata de un proceso rígido, sino que está sujeto al azar, a la acción del equipo contrario que intenta desordenar la jugada y a la espontaneidad y lúdica de los protagonistas, que hacen que cada jugada se construya como un emergente de la acción colectiva.

En los SAC humanos las "reglas de la bandada' son atractores extraños: un propósito común, un "sentido de misión', un conjunto de valores, objetivos, retos y oportunidades asumidos por la colectividad. Un buen ejemplo es el de un líder que entusiasma a su equipo con un "reto estratégico' y comunica un sentido de misión, que se convierte en el atractor extraño del equipo y regulará su comportamiento.

Figura 2. Tres tipos de atractor

Figura 2. Tres tipos de atractor

III. Instrumentos de navegación. Este libro contiene un sistema complejo adaptativo: una bandada de ideas buscando problemas. Este SAC espera que el lector atraiga a la bandada con su curiosidad y preguntas (sus atractores extraños). Pero la bandada es impredecible y el lector tratará de orientarla; para facilitar el viaje, contará con tres instrumentos de navegación: *la papelera*, los *ciclos OODA* y la *serie de Fibonacci*. Veamos...

La papelera. Al decidir, se elige entre cursos de acción, para resolver problemas o aprovechar oportunidades. Frente a la bandada, cada lector deberá decidir cuáles de las ideas le resuenan más.

La "papelera', un modelo afín a la teoría de caos, plantea que las decisiones son el resultado de cuatro factores: *los problemas* (brechas entre una situación existente y una deseada); *las soluciones* (respuestas en busca de preguntas, ideas que tienen las personas); *los participantes* en las decisiones y *las oportunidades de elegir* (encuentros, más o menos fortuitos, de personas con autoridad para decidir, gente con "soluciones en busca de problemas' e individuos con problemas). Así, entre causas y azares, esperamos que la solución acertada encuentre el problema correcto, el momento preciso y las personas apropiadas.

El nombre del modelo surge de que las personas en las organizaciones producen muchas soluciones, que pueden ser ignoradas (arrojadas "a la papelera'), hasta que aparece una oportunidad de emplearlas. Bajo la perspectiva de la "papelera', la toma de decisiones no es secuencial y racional, sino un proceso en parte caótico y aleatorio, plagado de encuentros casuales y personas con "buenas ideas' en búsqueda de un problema que calce con ellas. Por ejemplo, un lector y una bandada de ideas: ese es el espíritu que anima a este libro.

Los ciclos OODA. John Boyd propone que, frente a la incertidumbre y urgidos por dar respuesta, ejecutamos rapidísimos ciclos de cuatro fases: *observar* (capturar datos), *orientar* (dar sentido a los datos), *decidir* y *actuar* (OODA). En su experiencia como piloto de combate, Boyd sostenía que el piloto que fuese capaz de efectuar el ciclo más rápido que su adversario, tendría la ventaja.

Figura 3. El ciclo OODA

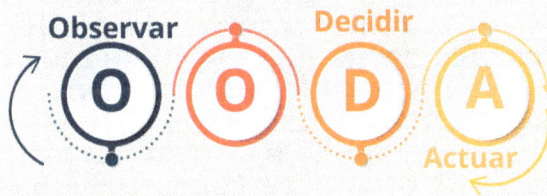

En el contexto del aprendizaje basado en juegos, hemos propuesto que la realización de cientos de ciclos OODA que lleva a cabo cada jugador, es un componente clave para el desarrollo de competencias asociadas con el manejo de la incertidumbre (Margery, 2020).

La serie de Fibonacci. En esta serie infinita de números, cada uno es la suma de los dos anteriores:

$$0, 1, 1, 2, 3, 5, 8, 13, 21, 34...$$

El siguiente número de la serie es (21+34=) 55, y así sucesivamente. La serie fue descrita en el siglo XIII por el matemático italiano Leonardo de Pisa (conocido como *Fibonacci*). Encontramos la serie en la dinámica reproductiva de diferentes especies, las proporciones del cuerpo humano y la dinámica de huracanes, entre otras. En equipos ágiles permite asignar cargas de trabajo.

Figura 4. La papelera, el ciclo OODA y Fibonacci

Explorando los diferentes temas presentados, cada lector se sentirá parte de la bandada: algunos temas corren por el centro del grupo y su panorámica es muy limitada; otros temas van por la periferia; unos pocos miran hacia la tierra y su visión es muy concreta. Están los que encabezan la formación y avizoran la distancia y el largo plazo. Todos estos temas –largos, cortos, profundos, inmediatos, abstractos o concretos, superficiales o profundos– tienen su lugar en la bandada.

Entonces, cada nuevo tema que explore el lector lo llevará a un ciclo OODA para acomodarlo a los anteriores y lo introducirá en la papelera de soluciones buscando problemas. Finalmente, utilizaremos Fibonacci para acotar el número de temas con los que resonará.

Hemos apuntado que este manual es un SAC, una bandada de soluciones buscando problemas. Ojalá esta bandada encuentre muchos lectores dispuestos a un viaje de incertidumbre y sorpresa, en el que una buena solución calce con aquello que andan buscando.

La bandada

Un puñado de soluciones, buscando problemas...

El **mundo VICA** es *volátil* (en cambio acelerado), *incierto* (cuesta anticipar los eventos), *complejo* (la realidad está formada por una red dinámica de causas, efectos y azares) y *ambiguo* (cuesta entender las verdaderas motivaciones de los agentes).

¡Ojo a 5 reglas para liderar en el mundo VICA!

Busque la solución 70%: es mejor decidir rápido sobre un plan imperfecto, que esperar a tener –muy tarde– el plan perfecto.

Experimente fuerte: explore opciones radicales y esté siempre innovando, prototipando y anticipando alternativas y "planes B'.

Gestione por estados finales: diga qué debe lograrse, porqué y para cuándo, y deje a los equipos (auto)organizarse.

Aplique **autoridad por demanda:** apoye la línea de comando, pero aliente a los equipos a decidir, a "actuar e informar' en lugar de "consultar y esperar'.

Establezca un núcleo: todos deben saber cómo sus tareas se alinean con un mismo negocio central. Y que tener claro los retos de otras áreas es clave para la colaboración.

¿Cuál de estas cinco le sorprendió?, ¿Cuál ya se aplica en su empresa? y ¿A cuál le ve más potencial para comenzar a aplicar?

Freedman, D. H. (2001). Corps Business. Harper.

El KPI del Liderazgo

El **liderazgo,** apunta Robert Hogan -una eminencia en el tema-, es la capacidad de construir y mantener equipos efectivos. Luego, el key performance indicator (KPI) de un líder sería el "historial de desempeño de sus equipos".

Ahora bien, el liderazgo es un rol asignado por los seguidores. Así, una persona gana la condición de líder cuando su equipo responde "Sí" a 4 series de preguntas:

Integridad: ¿Habla claro?, ¿Hace lo que dijo?, ¿Es transparente? y ¿Podemos confiar en este individuo?

Buen Juicio: ¿Decide correctamente?, ¿Con agilidad?, ¿Es capaz de decir "No sé" y escuchar a su equipo? (Eso sí, la humildad solo es importante si va acompañada por una alta competencia).

Conocimiento del negocio: ¿Sabe de lo que está hablando? y ¿Conoce a fondo la dinámica del sector en el que competimos?

Visión de futuro: ¿Puede explicar hacia dónde vamos?, ¿Lo que propone tiene sentido? y , bajo incertidumbre ¿Es capaz de fijar el rumbo?

Mirando hacia atrás: ¿Cómo está su KPI del liderazgo?, es decir, ¿Cuál es el historial de desempeño y capacidad de producir resultados de los equipos que ha liderado.

Mirando hacia el presente: ¿Es usted líder?, ¿Cómo piensa que su equipo respondería a éstas preguntas?

¿Una ciencia de la Ejecución?

*De poco sirve un plan, si no se ejecuta (del latín exsequitio o "seguir hasta el final"). La **Ciencia de la Ejecución** busca ir de la idea a la acción. Aquí van algunas de sus reglas:*

Disciplina de ejecución: *responder de acuerdo con el plan (respetando los criterios de excelencia de los entregables y los plazos) no es opcional.*

"Quéjese aquí", no basta. *Los diagnósticos deben ser legitimados con propuestas: cada señalamiento es tan bueno como la propuesta de solución asociada.*

Las excusas no bastan: *en ejecución no se espera "pedir disculpas por el fallo... ¡y listo!", sino reparación y acciones correctivas (ojalá ya iniciadas).*

Ejecución alerta: *debemos actuar sobre señales tempranas, aportar soluciones y estar listos a apoyar y ser apoyados.*

Internalidad: *cada equipo y sus miembros deben manejar un sano nivel de autocrítica con respecto a su desempeño.*

¿Quiere combatir la falta de claridad (proyectos "borrosos', sin definición de entregables), la externalidad (siempre es asunto "de alguien más') y la falta de disciplina (muchas ocurrencias y nadie pide cuentas)?
¡Apueste por la ciencia de la Ejecución!

Indagación apreciativa:

¡feedforward a las fortalezas!

*En la **Indagación Apreciativa**, el **feedfoward** es el proceso de detectar las capacidades puestas en juego y orientarlas a los retos futuros. Aplicamos la técnica al dirigir, liderar o coachear, en 3 pasos:*

1 **Ayude a detallar una historia reciente de éxito:** debe enfocar a la otra parte en historias positivas (reales, no hipotéticas) y trabajar la más potente, en detalle.

2 **Descubra el "código de éxito":** ayude a detectar las capacidades individuales, grupales y las condiciones organizacionales que hicieron esa historia posible.

3 **Haga la pregunta *feedforward*:** Pregunte: de cara al reto que enfrenta, ¿Cómo podría aplicar las capacidades de su "código de éxito'?

Las historias de éxito activan las emociones positivas, la escucha, la disposición a cooperar, la creatividad y la confianza de los individuos en sus capacidades. Esto potencia el mejoramiento y fortalece la confianza para, también, trabajar las debilidades (y evitar que sean "descarriladoras' del desempeño).

¡Apueste por la indagación apreciativa!

Cooperrider, D., Whitney, D. D., Stavros, J. M., & Stavros, J. (2008). The appreciative inquiry handbook. Berrett-Koehler.

Catorce ranas

Un especialista en inmunidad al cambio pregunta: "Sobre un tronco van 14 ranas. Si tres de ellas deciden saltar al agua, ¿cuántas ranas quedan sobre el tronco?". "¡Pues es obvio que 11!", apunta uno de los participantes. El especialista continúa: "Yo diría que catorce", dice, "porque una cosa es decidir hacer algo, y otra muy distinta es realmente hacerlo..."

¡Ojo a la inmunidad al cambio!

Para Robert Kegan y Lisa Lahey, tenemos un sistema de inmunidad al cambio, que nos protege de la amenaza y la angustia de enfrentar cambios profundos. Por ejemplo:

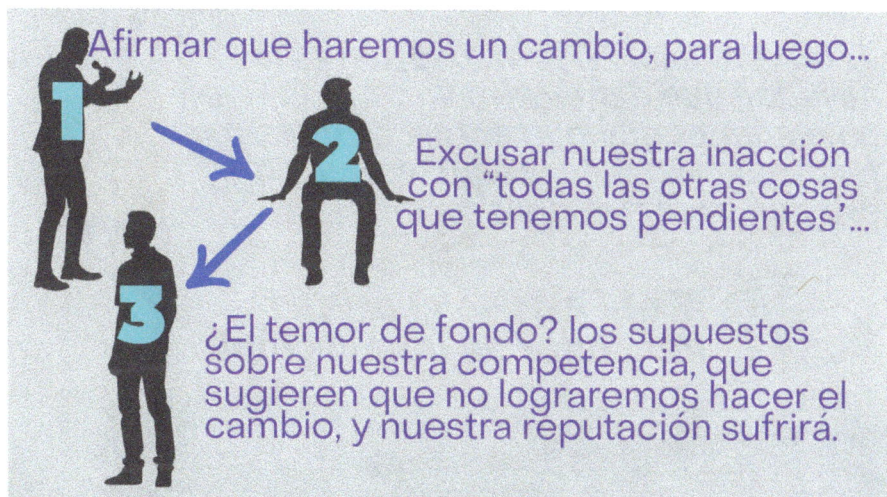

Afirmar que haremos un cambio, para luego...

1

2 Excusar nuestra inacción con "todas las otras cosas que tenemos pendientes'...

3 ¿El temor de fondo? los supuestos sobre nuestra competencia, que sugieren que no lograremos hacer el cambio, y nuestra reputación sufrirá.

*Kegan y Lahey proponer ver "lo que estamos realmente haciendo" en lugar de "lo que queremos hacer". La inacción nos está protegiendo de la posible incomodidad emocional de fracasar en el cambio. Tras este insight, podemos iniciar un **cambio adaptativo**: acciones de bajo riesgo, iniciativas innovadoras y ejercicios de exposición que nos hagan avanzar progresivamente.*

Kegan, R. & L. Lahey (2009). Immunity to Change. Harvard Business Press.

Innovar un indicador...

Tres personajes buscaban medir la **Innovación** *en su empresa...*

1 *El primero de ellos se rindió a la primera: "Es imposible; no se puede...", dijo.*

Otro soltó un indicador activista: "Con una encuesta, mediremos las horas que dedica la gente a la innovación, por semana..." **2**

El tercero dijo: "Si la innovación es la novedad que demuestra valor... ¿Por qué no medimos qué porcentaje de nuestro facturado viene de productos que no existían hace tres años?". **3**

¡Y ahí estuvo el primer indicador de innovación!

$i_1 =$ **% de las ventas que viene de productos con menos de 3 años**

- Ajuste el número de años y/o el % meta de las ventas del indicador a la dinámica de su sector (porcentajes más altos y menos años cuánto más dinámico sea el sector) y...
- Diseñe otros indicadores ¡nunca dependa de uno solo!... (ni se hunda en un montón).

4 papeles en el equipo

Al colaborar, jugamos uno de cuatro papeles:

Personas de **Acción:** lógicas, concretas y curiosas; buscan resultados, atacan de frente los problemas y quieren la solución ¡ya!
Buscan: franqueza y desafíos.
Evitan: ineficiencia y confusión.

Personas de **Grupos:** empáticos y afiliativos; evitan la confrontación y apuestan por la colaboración, el consenso y por que todos sean tomados en cuenta.
Buscan: confianza y colaboración.
Evitan: conflicto y personas rígidas.

Personas de **Innovación:** les gusta ver las posibilidades, probar cosas nuevas y ¡lanzarse! Son personas espontáneas, flexibles e intuitivas.
Buscan: entusiasmar y hacer cosas nuevas.
Evitan: negativas, detalles y reglas.

Personas de **Listas:** orientadas al detalle, el orden y la precisión. Son metódicas, reservadas, leales y evitan riesgos.
Buscan: planes detallados y consistencia.
Evitan: desorden e incertidumbre.

- *La diversidad es clave en los equipos: en los mejores, los cuatro papeles están presentes.*
- *Acción + Grupos + Innovación + Listas = ¡Á.G.I.L.!*

¿Cuál es su tipo característico? y ¿El de cada uno de los miembros de su equipo?
Basado en: Horan, S. (2007). Compass Points.

Tres ejes de la confianza

En los equipos, la **confianza** *es una percepción compartida de que sus miembros actuarán con competencia y protegerán los derechos e intereses de todos. Junto con los modelos mentales compartidos y la comunicación de bucle cerrado, la confianza forma el núcleo que permite la colaboración. Eso, sí, debemos tener claro que confiamos en tres dimensiones:*

→ **Competencia:** juzgamos que alguien sabe cómo hacer la tarea asignada.

→ **Transparencia:** confiamos en que la persona no tiene "doble discurso' ni agenda oculta.

→ **Responsabilidad:** creemos que alguien cumple sus plazos y promesas.

- En una organización, la confiabilidad de cada persona depende su reputación en estas tres dimensiones.
- La clave es que *¡las 3 confianzas son independientes!* Por ejemplo: hay quien sabe hacer la tarea y habla claro, pero es impuntual (confiamos en su competencia y transparencia, pero no en su responsabilidad).
- *¿Cómo se construye la confianza en la cultura? Demostramos expertícia (aprendemos siempre y demostramos maestría), hablamos claro y cumplimos las promesas .*
- *En una cultura de "alta confianza" encontramos 74% menos estrés, 50% más productividad y 76% más engagement...*

¿Cómo está su **"indicador de confianza"** con sus pares (su *reputación en competencia, transparencia y responsabilidad*)?

Zak, P.J. The Neuroscience of Trust. HBR, Enero–febrero 2017.

La escucha genuina

Sabemos la importancia de poner lo que sentimos en palabras, cuando pasamos por tiempos difíciles. Este es un proceso conocido como **etiquetado emocional**, clave para regular las emociones. De ahí la importancia de tener pares que nos escuchen. Eso sí, para que la escucha sea útil, debemos respetar nueve reglas de la escucha "compasiva y entrenada". Aquí van las cinco primeras:

No sea auto referente. No interrumpa con: "A mí me pasó algo parecido..." o "Lo mío es mucho peor...". Usted es escucha, no protagonista.

No devalúe la experiencia del otro. Frene salidas como: "Eso no es nada..." o "¡Hay gente que realmente la está pasando mal!". Acepte el derecho del otro a sentirse mal.

No asuma deberes del otro: Evite el "Deme, yo me encargo...". Su primera misión es escuchar; la segunda no es resolverle la vida al otro, sino ayudarle a activar sus propios recursos para salir adelante.

No "corte con la situación". Aburrido/a de escuchar, suelta una solución prematura."¡Eso ya lo he visto muchas veces! Lo que tienes que hacer es...". Para alguien que necesita ser escuchado, la "receta" o el corte son poco útiles.

No ofrezca cosas que no puede cumplir: como que estaremos siempre disponibles, o prometer apoyo de terceros a los que no hemos consultado. Prometer imposibles diluye la confianza.

Piense en la última ocasión en que pudo ayudar a alguien escuchándolo, ¿cuáles de estas cinco reglas aplicó?

4 estilos de desempeño

¿Dirige personas? Tenga claro que tienen diferentes estilos de desempeño. Estos son los cuatro principales:

1. Persona "De carga" (incapaz de decir "No').

- Evite apoyarse en esta persona para "otra urgencia" (tiende a sobrecargarse y luego no cumple).
- Fije prioridades y plazos: "Quiero asignarte esto, pero hablemos de qué estás haciendo y qué podría ser aplazado" (pacte y cumpla).

2. Persona "Que lucha", pero no llega al estándar.

- Aplique asertividad: "Te lleva 5 días completar el informe que a tus colegas toma 2 o 3".
- Defina correctivos: "¿Cuál es el problema?": ¿Ocupa más apoyo?, ¿Capacitación?, ¿Acompañamiento (de jefatura o un par de alto desempeño)?

3. Persona "Estrella", que busca retos.

- Cuánto más se apoye en el *top performer*, menos podrá desarrollar al resto del equipo.
- Diga: "No te asigno X proyecto, pues necesito desarrollar a (otro miembro del equipo)..."
- Dele otras opciones: ¿Mentoraje?, ¿Universidad empresarial?

4. Persona "Que apenas cumple" ... ¡y listo!, cae en reposo...

- Aclare que el nivel de esfuerzo tiene impacto en las asignaciones preferentes, pasantías, ascensos, etc.
- Fije las expectativas: aclare que no está cumpliendo las expectativas de mejoramiento continuo y establezca lo que quiere que esta persona asuma y haga.

Piense en el equipo que lidera o del que es parte: ¿Cuál perfil ajusta mejor con cada uno de sus miembros?

Los tres tipos de fallos

Que "debemos aprender de los errores" es ya una frase cliché. Por suerte, Amy Edmondson -la notable autora gerencial- ha ido más allá, al señalar tres tipos de fallo:

Simples: *pifias resultado del descuido, negligencia o irrespeto de los protocolos. Nacen de buenas prácticas que decidimos violar o de asumir tareas para las que no estamos entrenados. Estas fallas son prevenibles, deben ser evitadas y su reiteración sancionada.*

Complejos: *accidentes que se presentan en tareas de alta complejidad. Estos fallos se originan en tareas muy difíciles (imposibles de hacerlas bien todo el tiempo) o en interacciones no anticipadas entre múltiples sistemas y procesos. Estas fallas piden análisis de riesgos y mejoramiento de los sistemas.*

Inteligentes: *resultados negativos que obtenemos al probar cosas nuevas («experimentos que salen mal») o intentar nuevas maneras de resolver los problemas, que no son efectivas. Son «fallos positivos», pues nos dan claves para mejorar y representan el precio que pagamos por innovar.*

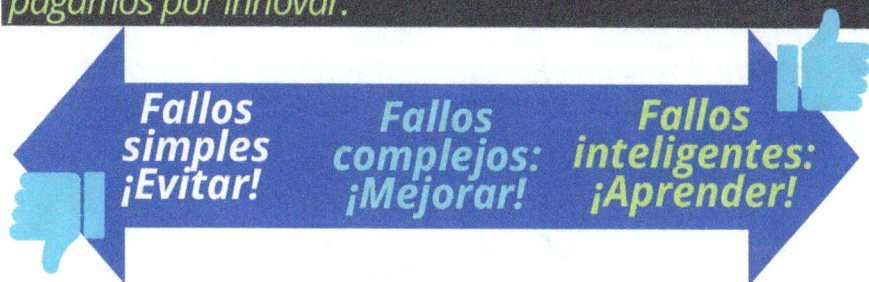

Fallos simples ¡Evitar! | **Fallos complejos: ¡Mejorar!** | **Fallos inteligentes: ¡Aprender!**

La clave está en poder distinguir estos tres tipos de fallos, pues no todos los fallos son buenos, ni todos deben ser tratados igual...

Edmondson, A. (2023). Right Kind of Wrong: The Science of Failing Well. Atria Books.

Pedimos cuatro cosas

En las organizaciones operamos con cinco actos lingüísticos: **afirmamos** cosas, **declaramos** que algo es o no es posible, **pedimos**, **ofrecemos** y **prometemos**. En las culturas de alto desempeño las promesas se cumplen. Pero para lograrlo, y ofrecer buenas soluciones, es muy importante tener claro lo que nos están pidiendo...

Y aquí es donde la **ingeniería de requerimientos** viene en nuestro auxilio, para recordarnos que lo que las personas quieren o piden tiene 4 niveles:

Consciente: lo que el otro pide de manera explícita.

Inconsciente: lo que no pide, pues lo cree obvio (pero podría no serlo).

Cerrado: lo que no pide, porque no lo cree factible o no cree (o no sabe) que lo tenemos.

Ciego: la preocupación de fondo, que aún no logra articular; este el verdadero requerimiento (alcanzar este nivel nos convierte en su socio).

¿Y cómo se hace?
- Trabaje los 4 niveles (no se quede en el primero), escuche y haga buenas preguntas...
- Visualice un prototipo para ayudar a la contraparte a aclarar sus requerimientos.
- Prepare una lista de preguntas de "análisis de requerimientos" (requirements elicitation), por ejemplo: ¿Cuál es el problema de fondo que queremos resolver?, ¿Cuál es la necesidad más urgente que tienen los usuarios?, etc.

¿Le hace sentido explorar los cuatro niveles en su próximo encuentro con un cliente (interno o externo)?

¿Mediación de datos?

*En un mundo de DataStorytelling, aplique la teoría de carga cognitiva y **¡Haga mediación de datos!** En lugar de pedir al público que navegue en una "ensalada de números", **ayude a decidir**:*

1

Represente visualmente: en lugar de listas de datos, muéstrelos "físicamente"

83
19 | 41

Destaque el dato 2 sobre el que quiere llamar la atención

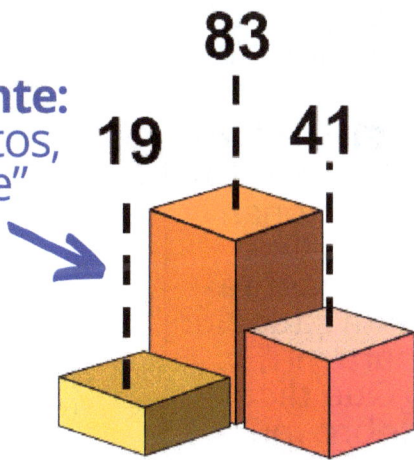

3

Aplique señalización, *"efecto lupa" o color para destacar los datos claves*

453 446 686
298 512 976
601 877 966
32 453
686
96
435
877 253

Revise su última presentación: ¿Aplica uno o más de estos principios?

¡Suba al helicóptero!

*En ocasiones necesitamos tomar distancia y estudiar las cosas "desde arriba". Con su despegue vertical, la herramienta **"Helicóptero"** nos permitirá elevarnos y analizar las situaciones desde cuatro perspectivas:*

1. El *self* (yo)
¿A qué estoy reaccionando?, ¿Qué representa esta situación para mí?, o ¿Qué dice sobre mí?

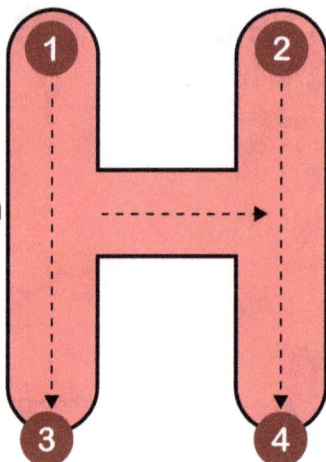

2. Los otros
¿Cómo ven las cosas los otros involucrados?, ¿Qué representa la situación para ellos?, ¿Cuáles podrían ser sus pensamientos y sentimientos?

3. El *outsider*
(forastero)
¿Cómo vería esto alguien de afuera?, ¿Sin intereses en juego?

4. La mente sabia (*wise mind*) ¿Cuál sería el mejor curso de acción?, ¿Lo mejor para la situación o el sistema como un todo?

En medio del conflicto o ante una decisión que involucra intereses de diferentes sectores...
¿Qué nos dice cada perspectiva?
Vivyan, C. (2009). The helicopter view.

Considere un caso complicado que esté manejando: ¿Qué ocurre?, ¿Quiénes son los involucrados? Ahora, aplique el helicóptero...

Sentido de ¡Urgencia!

*Tradicionalmente se piensa que velocidad y calidad no se mezclan: que lograr algo rápido implica sacrificar calidad e, inversamente, que para hacer las cosas con calidad, hay que avanzar pausadamente. El **Sentido de Urgencia** combate esta idea y apuesta por un óptimo de velocidad y calidad. Es «agilidad sin pifias», asociada con comportamientos en 4 dimensiones:*

	Buen manejo ✓	Mal manejo ✗
1. Manejo de prioridades	Trabaja sobre la importancia (recursos implicados) y la urgencia (plazo) de los asuntos. Analiza resultados e identifica mejores prácticas.	Todo es "alta prioridad", intenta hacerlo todo a la vez y se distrae en actividades secundarias.
2. Cumplir promesas	Clarifica criterios de excelencia y monitorea el avance de sus entregables. Anuncia cuando no puede cumplir y toma medidas.	Culpa a otros y a lo "fuera de su control" ante los fallos. Promete a nombre de otros, sin consultarles. Dice "Sí" a todo, pero no cumple.
3. Tenacidad	Sostiene el esfuerzo: entrega productos tal y como lo prometió. Escala y busca colaboración entre áreas cuando los entregables corren peligro.	Poca atención al detalle: incumple plazos o hace entregas incompletas. No le interesa conocer las metas del negocio o las necesidades de otras áreas.
4. Agilidad	Hace redes, delega e involucra a otros para acelerar y cerrar asuntos. Trata de ser decisivo y acortar tiempos de los procesos.	Trabaja atolondrado y comete muchos errores. Obstaculiza el avance al aplazar sin necesidad la toma de decisiones.

En su organización: ¿cuál de las cuatro dimensiones del sentido de urgencia es la mejor manejada?

Buenas preguntas

Las buenas preguntas son esenciales para construir soluciones, destrabar conflictos y dar feedback. La base de la curiosidad, la creatividad y la innovación son las preguntas ricas en pensamiento crítico.

Frente a la incertidumbre, ocupamos una gestión que promueva la indagación, valore el error y la colaboración y potencie la capacidad de localizar y utilizar información. Para lograrlo, hacemos preguntas. La clave es que las buenas preguntas son "estratégicas", pues persiguen diferentes objetivos:

Ayudan a pensar analíticamente: ¿Cuáles son las consecuencias de aplicar esta medida?

Retan supuestos y modelos mentales: ¿Qué soluciones seguimos aplicando, una y otra vez, a pesar de que está claro que ya no sirven?

Impulsan un pensamiento de ruptura: ¿Hay otra manera de hacer esto? y ¿Qué tal si hacemos exactamente lo contrario de lo esperado?

Producen claridad: ¿Podría explicarme más sobre esta situación? y ¿Cuáles son los problemas de fondo aquí?

Inspiran la reflexión. "¿Por qué funcionó esta medida?' invita a ir más allá del mero resultado y "¿Qué hicimos diferente esta vez?' nos estimula a echar una mirada fresca a nuestro accionar.

Fomentan la responsabilidad e involucramiento: ¿Qué sugiere que hagamos en este caso?

3 ejes de la Compasión

Hablamos mucho de tener "empatía": una sensibilidad de amplio espectro, base de la capacidad de comprender la experiencia de los demás. Pero en tiempos difíciles, la empatía se queda corta y debemos avanzar hacia la compasión, a la que podríamos considerar una "empatía enfocada en el sufrimiento y orientada a la acción".

Practicar la compasión supone desarrollar habilidades específicas, en sus tres dimensiones:

La compasión hacia otros. *Es darse cuenta del sufrimiento de otros y tener la motivación para actuar y ayudar a eliminarlo. Además, experimentar la compasión hacia otros impacta positivamente nuestro bienestar.*

La compasión desde otros. *Está bien documentado el impacto positivo de sentirse apoyado y cuidado en el entorno personal; el apoyo social es un factor protector clave frente el estrés, la depresión y el burnout.*

La compasión hacia uno mismo. *No es extraño que seamos más compasivos con otras personas que con nosotros mismos. El núcleo de la autocompasión es evitar la autocrítica tóxica (hostil y mortificante) y promover el diálogo interno positivo. Tal y como señala la especialista Kristin Neff, deberíamos hablar con nosotros mismos "como lo haríamos con nuestro mejor amigo", y tratarnos de manera constructiva frente a nuestras limitaciones y fallas, con una mentalidad de crecimiento.*

Ubíquese en una situación complicada: ¿Qué se diría, como si estuviese hablando con un buen amigo?

Mentalidad de crecimiento

*La inteligencia es la capacidad de dar respuesta a los retos de la experiencia. Carol Dweck propone la **Growth Mindset** (mentalidad de crecimiento) como la creencia de que nuestra inteligencia puede crecer. Se le opone la mentalidad fija:*

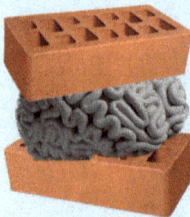

Según la **mentalidad fija**, se nace (o no) con capacidad para ciertas cosas; la dificultad es señal de problemas; hay que evitar los retos (nos hacen quedar mal) y debemos alejarnos de los *top performers* (pues nos empequeñecen).

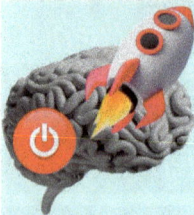

Para la **mentalidad de crecimiento**, el esfuerzo activa las capacidades; hay que aprender de quienes nos superan; debemos apostar por la curiosidad y el aprendizaje, y la dificultad no es señal de problemas, sino de que hay que persistir.

¿Algunas estrategias de growth mindset?

1. ***Emplee la partícula "aún"***: cambie el "No puedo con esto' por "No puedo con esto, aún'.
2. ***Busque expertos y top performers*** ¡y aprenda de ellos! (Vea a quienes le superan en un dominio como sus "profesores').
3. ***Tome la dificultad como señal*** de que está entrando en la zona de verdadero progreso.
4. **Aplique metacognición:** haga auto-reflexión sobre su aprendizaje y desarrollo.
5. **Asuma tareas retadoras,** para desarrollar sus capacidades con paciencia, persistencia y diálogo interior constructivo.

¿Piensa impulsar el growth mindset en su equipo? Busque espacios para practicar las cinco estrategias anteriores.

Dweck, C. (2007). Mindset. Ballantine Books.

Engagement en el equipo

El **engagement** es la intensidad del involucramiento de las personas con sus tareas y la colaboración con sus pares. Para fortalecer el engagement en sus equipos, los managers cuentan con cuatro acciones:

Construya sentido: conecte con una misión, un propósito, un reto estratégico; ayude a entender "para qué estamos haciendo esto'. *Haga storytelling de equipos heroicos de la empresa. Haga trazabilidad: conecte tareas individuales y de equipo con misiones de área u organizacionales.*

Impulse la agencia: dé la posibilidad de aportar soluciones, de aplicar el buen juicio para decidir cómo proceder; delegue y pida "actuar e informar' en lugar de "consultar y esperar' y dé acceso a información crítica.

Fortalezca la experticia: dé la oportunidad de aprender saberes críticos; de hacer un trabajo de calidad; asigne tareas retadoras y que cada quien pueda ponerse a prueba, fallar y tratar de nuevo.

Visibilice el progreso: exponga indicadores de manera muy pública y dramática; haga visual thinking de KPIs y OKRs; celebre los triunfos y el avance. Gamifique las misiones de los equipos.

Piense en su equipo: ¿qué acciones podría tomar –aquí y ahora– para fortalecer su engagement?

Thomas, K. (2009). Intrinsic Motivation at Work. Berrett-Koehler.

¿Es la esperanza una competencia?

La esperanza es la capacidad de trazar una ruta hacia objetivos deseados. Implica tener la fuerza de voluntad para alcanzarlos y la aptitud para generar estrategias alternativas frente a los obstáculos y reveses.

Distingamos la **esperanza activa** (**EA**), que actúa para construir los sueños, de la *pasiva* (desear que "algo ocurra"). La **EA** es una capacidad ligada al desempeño, que se puede medir y aprender.

¿Y cómo se desarrolla? (algunas pistas):

- *La esperanza es activada por metas retadoras y específicas, definidas por los protagonistas.*
- *Definidas la metas, se diseñan planes para alcanzarlas y se fijan metas intermedias ("pequeños triunfos").*
- *Se trabaja la capacidad anticipatoria: Análisis "What-if" (para analizar escenarios y sus posibles estados), "Visualización" (anticipando metas, los posibles obstáculos y las estrategias para manejarlos) y planes "B".*
- *Se monitorea la voz interior (**self talk**) combatiendo los pensamientos negativos e hipercríticos con afirmaciones positivas, orientadas a la acción y el aprendizaje.*

Luthans F., Youssef C.M., Avolio B.J. (2007). Psychological capital. Oxford University Press.

Entrenar la "Orientación a Resultados"

Nivel bajo: hace apenas lo requerido. Explota de entusiasmo al hablar de lo extra laboral. Muestra frustración por la ineficiencia, pero no hace nada.

Nivel alto: Alienta a sus pares a tomar riesgos calculados. Persiste (sostiene el esfuerzo a pesar de los obstáculos).Cuenta con un historial de logro de metas retadoras.

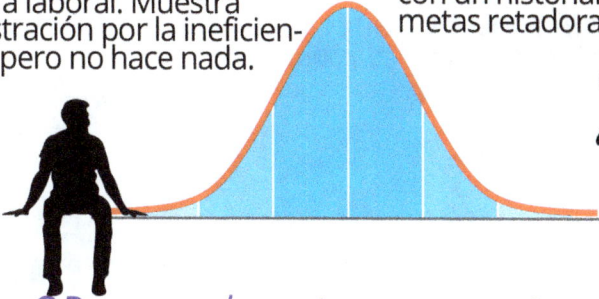

La OR se puede **entrenar con tres prácticas**:

1 Fije **metas retadoras**: ni imposibles que desmotiven, ni tan fáciles que aburran; que obliguen a hacer el mejor esfuerzo y, aún así, estén en riesgo de no ser alcanzadas.

Haga **análisis de brecha:** compare ¿Dónde estamos? con ¿Dónde deberíamos estar, según el plan? y estudie ¿Cuánto falta para la meta? versus ¿Cuánto tiempo tenemos? **2**

Plan

Brecha

Real

3 **Corra riesgos calculados:** sin ser apostador ni un temerario, pruebe nuevas ideas, prototipe y acepte el eventual fracaso momentáneo como parte del aprendizaje y mejoramiento.

¿Detecta oportunidades –aquí y ahora– para poner en juego las tres prácticas?

Spencer, L. M. & S.M. Spencer (1993). Competence at Work. John Wiley& Sons.

¿Una pedagogía de la curiosidad?

Hablamos todo el tiempo de *innovación* (la novedad que tiene valor); empero, no deberíamos olvidar que su conductor es la *creatividad* (la generación de ideas), cuyo conductor es ¡la *curiosidad*!

La curiosidad es un motivo humano, una "sed de conocer". Es el deseo de cerrar una brecha de conocimiento y está ligada a la *tolerancia a la ambigüedad*, la *capacidad de enfoque* y el *"chispazo' inicial* de la *motivación y la creatividad*.

Estrategias para desarrollar la curiosidad:

1. Darse (y dar a otros) la oportunidad de **aprender algo a fondo**. *No importa si es un equipo que trata de bajar el tiempo de un proceso o un grupo de docentes que busca aplicar PLTL: ¡deben tener tiempo para involucrarse a fondo en el asunto!*
2. Estimular el **interés por la propia naturaleza**: ¿Qué cosas me motivan?, ¿Cuál es mi estilo docente?, ¿O de liderazgo?
3. **Practicar la pedagogía de la pregunta:** formule preguntas retadoras; tome conciencia de su sorpresa frente a respuestas inesperadas (pero no interrumpa) y explore las respuestas con respeto y humildad: ¿Qué saben que yo ignoro?
4. **Involucrarse a fondo en retos técnicos** (¿Cómo diseño una máquina para clasificar granos de café?).
5. **Cultivar la curiosidad del experto** en un campo particular (modelos ágiles, literatura, la vida de los insectos, etc...).

¿Cuál de estas estrategias para fortalecer el músculo de la curiosidad le resuena más?

Colaboración 4.0

Los equipos pueden avanzar por cuatro niveles de creciente creatividad, coordinación y adaptabilidad:

Agrupamiento 1.0: con baja comunicación y pertenencia, el equipo no logra coordinar o seguir instrucciones.

Acción colectiva 2.0: los miembros logran acordar acciones sin, al menos, duplicar esfuerzos o entorpecerse mutuamente.

Acción práctica 3.0: cada quien capta la intención colectiva y se ajusta al comportamiento del equipo.

Colaboración avanzada 4.0: un saber tácito colectivo permite a cada miembro «leer la mente» de los demás e improvisar colectivamente.

Alcanzar el **nivel 4.0**, requiere 3 prácticas:

- **Co-diseño:** *trabajo colaborativo, en esfuerzo coordinado para resolver problemas y crear cosas juntos.*
- **Conflicto constructivo:** *sabemos que aquí el único ganador es el progreso del equipo; evitamos ataques personales y aplicamos la humildad intelectual al escuchar con apertura y curiosidad.*
- **Lúdica:** *hay seguridad psicológica para expresarse libremente, mucho disfrute, juego y flow grupal.*

Para alcanzar el nivel 4.0 los equipos juegan, se pelean constructivamente y crean juntos... ¿Aplican estas tres prácticas en su equipo?

von Krogh, G., I. Nonaka & Z. Erden (2008). The Quality of Group Tacit Knowledge. Journal of Strategic Information Systems 17 (2008) 4–18

Neurociencia y aprendizaje

La neurociencia estudia cómo la actividad del cerebro se relaciona con la conducta y el aprendizaje. Esta interdisciplina ha tenido un desarrollo espectacular las últimas décadas. Repasemos cuatro de sus principios:

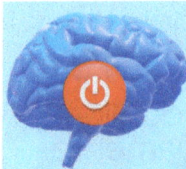

La búsqueda de significado es innata: buscamos dar sentido a las experiencias y *nos resistimos a que nos impongan cosas sin sentido*. Solemos preguntarnos: ¿Cómo conecta esto con lo anterior? y ¿Cómo se aplica a problemas reales?

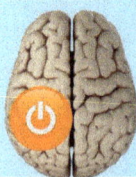

Somos seres hipersociales: buscamos compartir la experiencia y colaborar. *El aprendizaje depende mucho de los pares con los que aprendemos.*

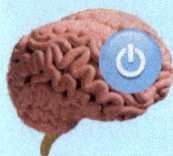

Las emociones son críticas: emociones y pensamientos se moldean mutuamente; debemos fortalecer las conexiones emocionales (con preguntas, *storytelling*, acción grupal...) e impulsar el PEA (*positive emotional arousal*) que se genera al estudiar nuestras historias de éxito .

El aprendizaje complejo demanda un entorno de **alto desafío y baja amenaza.** Ante la amenaza caemos en modo *fight or flight* (rabia, seguimiento acrítico, rigidez...).

El alto desafío se logra con misiones y retos (p. ej. aprendizaje basado en problemas), trabajo colaborativo y aprendizaje con los pares; la baja amenaza se alimenta con tolerancia a los errores y a correr riesgos calculados, como parte natural del aprendizaje...

Caine & Caine (1997), Education on the Edge of Possibility. ASCD

Universidades Empresariales

No son ni un Centro de Capacitación, ni una Universidad tradicional. Las **Universidades Empresariales (UE)** se explican por su enfoque en las «tres C»:

Ciudadanía: para alinear a las personas con la ideología de la firma, trabajan desde el storytelling de equipos heroicos en la inducción, hasta el cubo del cambio en la cultura organizacional.

Contexto: sus cursos profundizan en competidores clave, tipos de clientes, los mega proyectos de empresa y las nuevas campañas comerciales...

Capacidades Z: se entregan cursos sobre «saberes situados› (cosas que solo se aprenden estando aquí y que nadie de afuera nos puede enseñar), certificaciones estratégicas y desarrollo de capabilities.

- *Un 20% de los alumnos de la UE no son parte de la empresa: se invita a proveedores, clientes y actores sociales a los que se busca alinear con el negocio de la firma.*
- *Muchos líderes, top performers y personas con experticia muy especializada son docentes de la UE.*
- *Muchas UEs funcionan como una unidad de negocio parcialmente autofinanciada.*

Piense en una expertise situada en su empresa (algo que solo se aprende "estando aquí" y toma tiempo): ¿Qué le parece para un curso de la UE?

Indagación apreciativa para cambiar y mejorar...

Frente a una discrepancia de desempeño, hay cuatro posibles respuestas:

1. **Ignorarla** (ojalá pase desapercibida).
2. **Bajar el estándar:** que lo "malo' sea "aceptable'.
3. **Rechazarla:** descalificar o *externalizar* (culpar a otros y a lo que está fuera de nuestro control).
4. **Cambiar:** intentar hacer mejor las cosas.

Es claro que las opciones 1, 2 y 3 no son útiles, pero... ¿Cómo ayudamos a las personas a escoger la cuarta opción? ¡La **indagación apreciativa** *nos ayuda!*

¡Ojo!: pensar en cambiar sólo funciona si la persona tiene expectativas de alta competencia para asumir el cambio.

Entonces... trabajamos con "historias de éxito" del sujeto, que tienen gran validez (pues las ha vivido) y apoyan la creencia de que su competencia es alta.

Así, operando desde las capacidades y fortalezas, es menos probable que la persona ignore, rechace o intente bajar el estándar **¡y más probable que apueste por el cambio!**

Piense en la evaluación del desempeño en su empresa: ¿Qué pasaría si managers y colaboradores se enfocaran en fortalezas e incidentes exitosos, en lugar de sólo fijarse en brechas y deficiencias?

Curso corto de ¡Automotivación!

Ojo a esta lista de 4 prácticas para ¡Automotivarse!:

El poder de la curiosidad: la "sed de saber', de aprender algo a fondo, nos impulsa al flow y libera dopamina, que activa nuestros circuitos neurales de recompensa...

El estímulo de la experticia: trate de afinar sus destrezas y habilidades; tome lo que hace muy bien y trate de llevarlo al siguiente nivel...

La libertad de la autonomía: busque un área de mejora no explorada, asuma un proyecto que pueda desarrollar con discrecionalidad y con su propio estilo.

El sentido y la resilencia: trate de asumir un reto; contágiese de un "sentido de misión' y ponga en juego su resiliencia: piense en las dificultades como un espacio para afinar sus competencias...

Estas 4 prácticas nos conducirán a actividades **autoté-licas**: tareas cuya recompensa está en el placer de realizarlas, en las que el trabajo se funde con la lúdica.

A primera vista: ¿Cuál de estas prácticas le resuena más?

Csikszentmihalyi, M. (2022). Flow: The Psychology of Optimal Experience. Harper.
Deci, E. L., & Ryan, R. M. (2000). The "what' and "why' of goal pursuits. Psychological Inquiry, 11, 227-268.

¡Aplique la tríada retórica!

¿Busca tener impacto? Hace 2300 años, el filósofo griego Aristóteles señaló que, para convencer a otros, había que apoyarse en tres pilares:

El *ethos* (la credibilidad): demuestre que sabe del tema, verbalice su compromiso, comparta experiencias y aporte referencias.

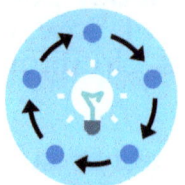

El *logos* (la lógica): presente datos y evidencias, sustente sus argumentos (no se saque conclusiones "de la manga') y ofrezca soluciones.

El *pathos* (la emoción): busque elementos en común con su contraparte, explore sus motivaciones, demuestre optimismo y ¡cuente una historia!

➡ *Emocione con storytelling, plantee soluciones y que se note que sabe de lo que habla: el impacto se logra ¡con los tres factores juntos!*

A 2,300 años de distancia, las ideas de Aristóteles resuenan con la moderna neurociencia:

- Contando historias disparamos la hormona de la oxitocina y conectamos a nivel emocional con otros.
- Empleando metáforas ("Cada proceso es una pieza del rompecabezas: cualquiera que cambie, modifica a todos los demás') convertimos ideas abstractas en imágenes concretas para la audiencia.

Piense en su próxima presentación:
¿Cómo podría incorporar a Aristóteles?

¡A fortalecer la internalidad!

El psicólogo J.B. Rotter apunta que algunas personas tienden a atribuir lo que les ocurre a elementos externos (los otros o la suerte): son **externalizadoras**. Otras personas tienden a atribuir lo que les ocurre a su desempeño y a condiciones que pueden cambiar (son **internalizadoras**).

Una cultura externalizadora diluye el compromiso (el tema siempre es "de alguien más"). Así, lo ideal es una sana tendencia a la internalidad en las personas, lo que se logra con 5 estrategias:

1. Gane sentido de control: persista frente a tareas y temas complicados y descubra que puede dominarlos.

2. Fije metas: cambie aspiraciones vagas por resultados por alcanzar, con indicadores, planes y plazos.

3. ¡Actúe!: desarrolle competencias por exposición y descubra que el fracaso es soportable y el error trae aprendizaje.

4. Tome decisiones: decida, decida y... ¡decida!

5. Cambie la voz interior: si se dice "Tuve buena suerte", pregunte: ¿Qué capacidades puse en juego?; si se dice "Tuve mala suerte", pregunte: ¿Qué señales decidí –erróneamente– ignorar? y ¿En qué debo mejorar?

Busque oportunidades en el día a día para aplicar estas estrategias (e invitar a otros a aplicarlas).

¿Cómo operan los top performers?

(Ojo a cinco de sus guías de acción)

Persista en el logro de las metas	pero...	Sin perder la **flexibilidad** (modifique la estrategia si no está alcanzando el resultado)
Reúna **los datos** y evidencias	pero...	Evite el análisis-parálisis (actúe con el "mínimo suficiente" y recuerde que, en VICA, genera datos al actuar).
Actúe con **seguridad en su competencia**	pero...	Evite la **arrogancia** (escuche a otros y busque expertos para aprender de ellos).
Piense en **positivo** y en lo que funciona	pero...	Aplique el **pesimismo estratégico** (anticipe riesgos, adversidades y trabaje "Planes B").
Corra **riesgos calculados,** para aprender y mejorar.	pero...	Sin ser un **apostador temerario**, que arriesga fallos catastróficos.

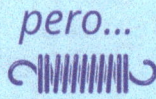

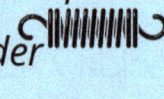

En los equipos hay individuos llamados "nodo de sacrificio", que no destacan por ser top performers, pero son claves apoyando a otros; estas guías también son para estas personas.

Margery, E. (2023). Actuar para pensar. VicaeMundi.
Molden, R. W. & Swavely, S. M. (2004). The Psychology of Top Performers.

¿Cómo conversa su equipo?

El investigador Ronald Fry empleó el heurístico del rendimiento para identificar equipos de alto y bajo desempeño. En paralelo, analizó las conversaciones de estos equipos, y los resultados fueron sorprendentes:

$$1^+:3^-$$
$$1^?:20^!$$

$$6^+:1^-$$
$$1^?:1^!$$

En los equipos de bajo desempeño... las declaraciones negativas superaban 3 a 1 a las positivas, y se hacía apenas una pregunta por cada 20 afirmaciones.

En los equipos de alto desempeño... las declaraciones positivas superaban en razón de 6 a 1 a las negativas, y se hacían tantas preguntas como afirmaciones.

Así las cosas, mientras los equipos estrella son curiosos y propositivos, en los de bajo desempeño abundan las negativas y los «sabelotodo»: ¡sus conversaciones son muy diferentes!

Observe las próximas reuniones: ¿Cómo conversa su equipo? y ¿Qué tipo de conversaciones impulsa usted?

Fry, R. y otros (2002). Appreciative inquiry and organizational transformation. Quorum Books.

¿Seguridad psicológica (SP)?

Edgar Schein y Warren Bennis acuñan el término en 1965 y Amy Edmondson lo amplía y relanza en el siglo XXI.

"La seguridad psicológica se refiere al grado en que los miembros de un equipo se sienten cómodos tomando riesgos y expresando sus pensamientos, ideas y preocupaciones sin temor a represalias o castigos".

Poner la SP en acción en el equipo implica:

1. *Aceptar la Vulnerabilidad.* Combata el estigma del fallo: la ausencia de errores apunta a la falta de experimentación, la repetición de un mismo error señala que no hay aprendizaje. Pregunte: ¿Qué aprendimos de esto? Y enfoque en la meta.

2. *Modelar la humildad epistémica:* reconociendo que no tenemos todas las respuestas, demostrando ignorancia (la capacidad de decir: "No sé") y apertura, con preguntas abiertas y escucha activa.

3. *Impulse el aprendizaje y la apertura:* que el equipo esté dispuesto a experimentar, probar nuevas ideas, correr riesgos calculados y aprender de los errores; que las personas compartan libremente sus opiniones (incluso si son divergentes) y confíen en que no serán castigadas por expresarlas o hacer preguntas.

4. *Enfoque en el desempeño:* este no es un espacio de placidez y mimo, ni uno de tolerancia a personas tóxicas. Hay gran apertura al feedback constructivo; los miembros se apoyan y desafían mutuamente, y asumen retos y tareas complejas, para mejorar los resultados.

Un par de buenas prácticas de SP: i. Haga cortas reuniones (10-15 minutos) cada mañana, para revisar avances, comunicar prioridades y clarificar las responsabilidades de cada quien; ii. Tome la iniciativa comentando un error propio y lo que aprendió.

El ciclo OODA

John Boyd (1927-1997), un piloto norteamericano de aviones de combate, desarrolló el concepto de «ciclo OODA» al estudiar el enfrentamiento entre los cazas norteamericanos y soviéticos. El OODA es un ciclo continuo de toma de decisiones en cuatro fases:

Observar: los sentidos recogen datos del entorno; en función de su experiencia y urgencia, cada observador decide cuáles datos acepta, cuestiona o ignora.

Orientar: es procesar los datos, interpretar y dar sentido a las observaciones (es la parte clave del ciclo).

Decidir: establecer un curso de acción.

Actuar: son los actos ejecutados a partir de las decisiones tomadas. Observar el impacto de nuestra acción implica que el ciclo OODA ha iniciado otra iteración.

Observación → Orientación → Decisión → Acción

Aquí, el piloto que decide más rápido tiene la ventaja, pues su oponente se ve atrapado en una situación que cambia a mayor velocidad de la que puede responder.

En los deportes, cada jugador genera un ciclo OODA en centésimas de segundo al reaccionar a cada jugada; en el comercio, el vendedor que anticipe las posibles objeciones podrá meterse "dentro" del ciclo OODA de su cliente; en general, tendrá la ventaja quien ejecute el ciclo OODA más rápido que su contraparte.

Kuppam, M., 2023. Observability Practice with OODA Principles and Processes. Scholars Journal of Engineering and Technology, 11, pp.302-308.

"La papelera"

En este modelo, afín a la teoría de caos, las decisiones son el resultado de cuatro factores interdependientes:

1 **Los problemas** (brechas entre una situación existente y una deseada)

2 **Las soluciones:** "respuestas en busca de preguntas", ideas que tienen las personas (que si no aplican, tiran "a la papelera")

3 **Los participantes en las decisiones:** personas con diferentes modelos mentales, sesgos, intereses y presiones de tiempo.

4 **Las oportunidades de elegir:** encuentros, más o menos fortuitos, de personas con autoridad para decidir, gente con "soluciones en busca de problemas" e individuos con problemas.

Entonces, decidir no sigue un derrotero secuencial y racional, sino que es un proceso en parte caótico y aleatorio, plagado de encuentros casuales y personas con "buenas ideas" en búsqueda de un problema que calce con ellas.

Todo depende de que la solución acertada encuentre el problema correcto, el momento preciso y las personas apropiadas. Así, muchas decisiones se toman por error o por casualidad y otras no se toman por falta de oportunidad, simplemente por que el individuo "con una solución entre manos" no se encontró con el espacio en que su solución calzara con un problema.

Por eso, es clave abrir espacios de posibilidades, hacer redes, conversar con otros, tomarse el tiempo (hacer más preguntas y explorar más ideas) y practicar la "borrosidad": no desesperarse por tener "la solución", mientras operamos con un portafolio de respuestas.

Cohen, M. D., J. G. March & J. P. Olsen. A Garbage Can Model of Organizational Choice. Administrative Science Quarterly, Vol. 17, No. 1. (1972), pp. 1-25.

Desarrolle la competencia "experticia"

Nivel bajo: evita aprender. No comparte las novedades con sus pares. Evita tareas complejas.

Nivel alto: mantiene una red de contactos expertos. Hace un esfuerzo por compartir nuevos saberes. Demuestra maestría en tareas complejas.

4 prácticas para acelerar la experticia:

1 **Identifique personas expertas/top performers**: no confunda gente "que conozco" con gente "que conoce". Evite la soberbia y busque a quienes "saben más".

Haga **análisis de brecha:** busque feedback, gane insight y valore si el esfuerzo vale la pena (cuando la brecha es muy grande)...

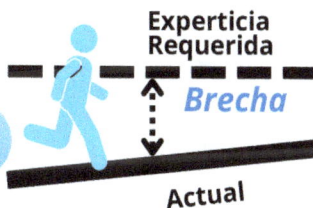

Experticia Requerida

Brecha

2

Actual

3 **Observe a expertos:** ofrézcase a ayudarlos con tareas sencillas; haga un esfuerzo intencionado por observarlos en acción, entender sus estrategias y adaptarlas a su estilo.

4 **Aprenda 10.20.70:** combine el estudio por su cuenta (10%) con aprender de otros (20%) y la exposición (70%) o aprendizaje situado (detecte situaciones cotidianas retadoras, en las que pueda practicar sus nuevos saberes).

Sume aptitud, capacidad y plan de carrera: ¿En cuál dominio querría desarrollar su experticia?

Un atractor extraño atraviesa la bandada

La bandada fluye. Treinta y cinco ideas en pleno vuelo. La dirección que tome cada una dependerá de si logra o no capturar la atención del lector. Y cada movimiento que haga afectará a las demás.

La curiosidad de cada lector será un atractor que ordenará y desordenará a la bandada; algunos traerán un tema por investigar, otros harán deriva caótica, esperando un emergente. En cualquier caso, les proponemos un juego de Fibonacci:

- Recorra la bandada (vea la ilustración de la siguiente página).
- Elija **un tema** (el que más le resuene).
- Ahora elija un complemento (tendrá **dos temas**).
- A continuación, complete la **tríada**.
- Vuelva a pasar y forme un **quinteto** (puede descartar elecciones anteriores y tomar nuevos temas).
- Ahora apueste por ver el horizonte y la bandada completa: resuene con **ocho temas**.

1
5 reglas para el Mundo VICA

2
Cuatro preguntas del liderazgo

3
Ciencia de la Ejecución

4
Indagación apreciativa

1,2,3,5,8...

Un atractor extraño atraviesa la bandada

1 5 reglas para el Mundo VICA

2 Cuatro preguntas del liderazgo

3 Ciencia de la Ejecución

4 Indagación apreciativa

5 14 ranas sobre un tronco

6 Innovar un indicador

7 4 papeles en el equipo

8 Tres ejes de la confianza

9 Reglas de la escucha

10 Estilos de desempeño

11 Tres tipos de fallo

12 Las 4 peticiones

13 Mediar los datos

14 El helicóptero

15 Sentido de Urgencia

16 Buenas preguntas

17 Los 3 ejes de la compasión

18 Growth mindset

19 Engagement

20 Pedagogía de la Esperanza

21 Orientación a Resultados

22 La curiosidad

23 Equipos 4.0

24 Neuro ¡Ciencia!

25 U's Empresa

26 Cambio Apreciativo

27 ¡Auto motivación!

28 La tríada retórica

29 Internalidad

30 Top performers

31 Conversar en equipo

32 Seguridad psicológica en los equipos

33 Ciclo OODA

34 La papelera

35 La experticia

Espacio para notas

Espacio para notas

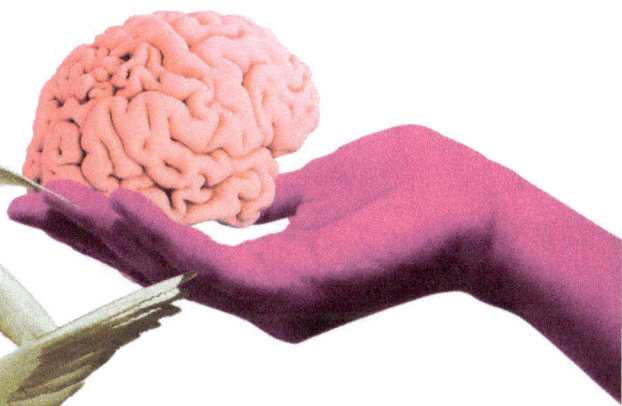

www.ingramcontent.com/pod-product-compliance
Lightning Source LLC
Chambersburg PA
CBHW050540210326
41520CB00012B/2647